Savais-tu?

Les Hippopotames

Savais-tu?

Les Hippopotames

Alain M. Bergeron
Michel Quintin
Sampar

Illustrations de Sampar

ÉDITIONS
MICHEL
QUINTIN

Catalogage avant publication de Bibliothèque et Archives nationales du Québec et Bibliothèque et Archives Canada

Bergeron, Alain M.

Les hippopotames

(Savais-tu? ; 56)
Pour enfants de 7 ans et plus.

ISBN 978-2-89435-630-2

1. Hippopotame - Ouvrages pour la jeunesse. 2. Hippopotame - Ouvrages illustrés - Ouvrages pour la jeunesse. I. Quintin, Michel. II. Sampar. III. Titre. IV. Collection: Bergeron, Alain M.. Savais-tu? ; 56.

QL737.U57B47 2013   j599.63'5   C2012-942652-0

Infographie: Marie-Ève Boisvert, Éd. Michel Quintin

Le Conseil des Arts du Canada
The Canada Council for the Arts

Patrimoine   Canadian
canadien   Heritage

La publication de cet ouvrage a été réalisée grâce au soutien financier du Conseil des Arts du Canada et de la SODEC.

De plus, les Éditions Michel Quintin reconnaissent l'aide financière du gouvernement du Canada par l'entremise du Fonds du livre du Canada pour leurs activités d'édition.

Gouvernement du Québec – Programme de crédit d'impôt pour l'édition de livres – Gestion SODEC

ISBN 978-2-89435-630-2
Dépôt légal – Bibliothèque et Archives nationales du Québec, 2013
Dépôt légal – Bibliothèque et Archives Canada, 2013

© Copyright 2013

Éditions Michel Quintin
4770, rue Foster, Waterloo (Québec)
Canada J0E 2N0
Tél.:   450 539-3774
Téléc.: 450 539-4905
editionsmichelquintin.ca

1 3 - A G M V - 1

Imprimé au Canada

Savais-tu que des études génétiques montrent que les hippopotames ont plus de points en commun avec les baleines qu'avec d'autres ongulés non ruminants comme

les cochons? Il y en a deux espèces : l'hippopotame commun (ou amphibie) et l'hippopotame nain (ou pygmée).

Savais-tu que ce mammifère fait plus de 200 victimes par an ? Après le crocodile, l'hippopotame commun est l'animal responsable du plus grand nombre de décès en Afrique.

En réalité, ses agressions sont le plus souvent des réactions de défense.

Savais-tu que l'hippopotame commun peut atteindre un poids record de 4,5 tonnes? Avec un poids moyen oscillant entre 1,5 et 3,2 tonnes, il est le troisième plus lourd mammifère terrestre, après l'éléphant et le rhinocéros.

Savais-tu que, malgré sa corpulence, ce mammifère peut atteindre 30, voire 40 kilomètres à l'heure? Cela veut dire qu'il peut rattraper un homme à la course, puisque le

record du monde chez ce dernier est de 37 kilomètres à l'heure.

Savais-tu que, semi-aquatique, l'hippopotame commun passe une grande partie de sa journée à se reposer dans l'eau douce peu profonde? Cela le préserve de la chaleur tropicale.

Savais-tu que, lorsqu'il s'immerge, seuls ses narines, ses yeux et ses oreilles, alignés sur le sommet de sa tête, sortent de l'eau ? Ainsi, même quand son corps est complètement recouvert, il peut sentir, voir et entendre.

Savais-tu qu'il ferme ses narines et aplatit ses oreilles quand il plonge ? Même s'il peut tenir plus de 15 minutes sous l'eau, il n'y reste généralement pas plus de 5.

En comparaison, le record de plongée en apnée chez l'homme est de 3 minutes 40 secondes.

Savais-tu que, la nuit, l'hippopotame commun broute les herbes sur les berges des fleuves, des rivières et des lacs ainsi que dans les prairies avoisinantes?

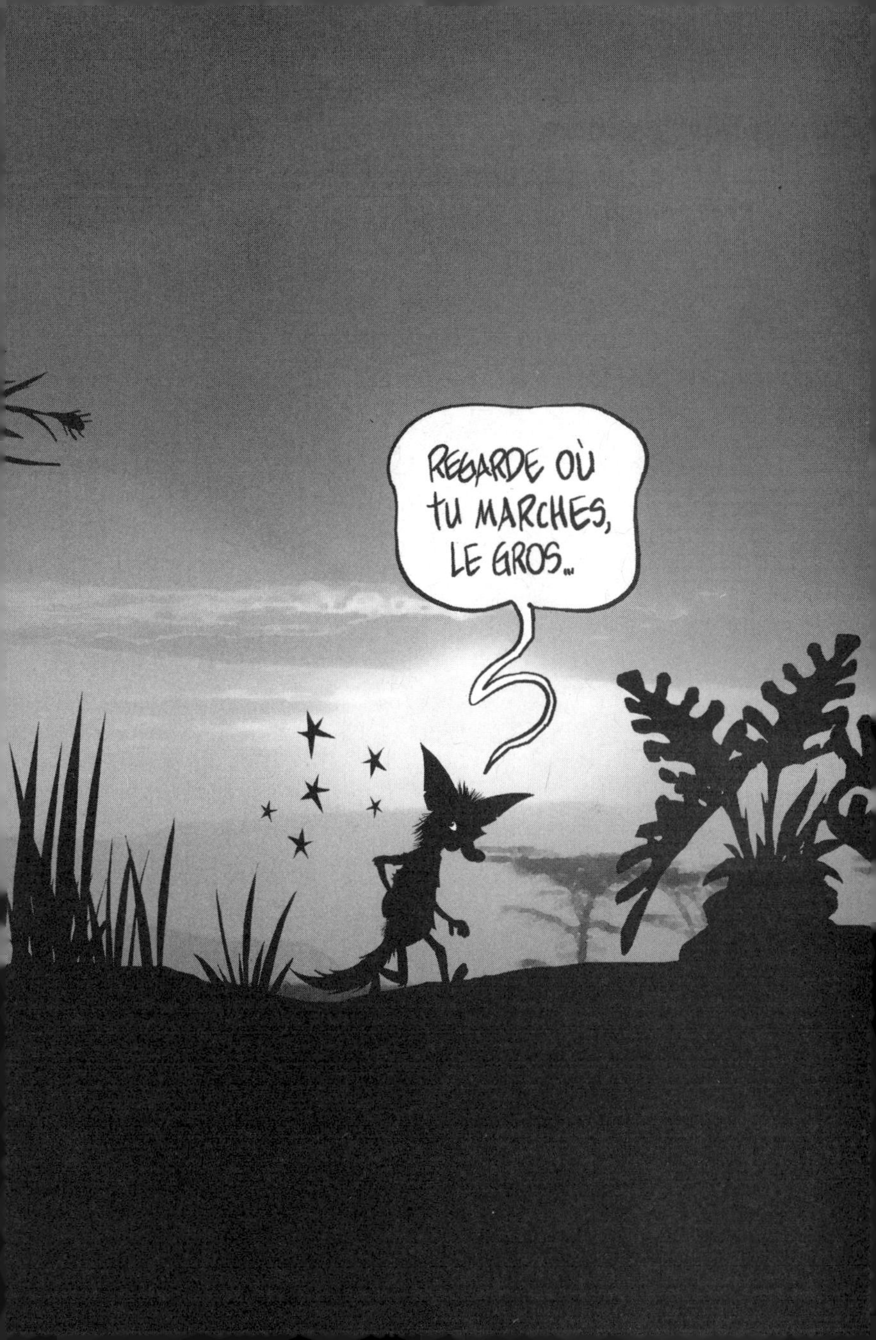
REGARDE OÙ TU MARCHES, LE GROS...

Savais-tu que cet herbivore consomme en moyenne de 40 à 60 kilos d'herbes par jour? C'est peu en proportion de son poids.

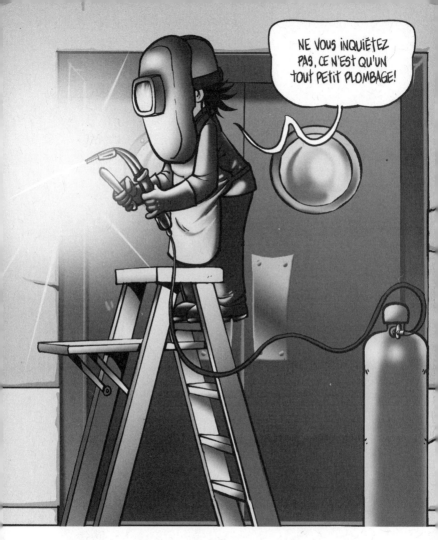

Savais-tu que l'hippopotame commun est l'un des animaux aux plus longues dents? Ses canines inférieures, à croissance continue, mesurent jusqu'à 60 centimètres et peuvent peser plus de 1 kilo chacune.

Savais-tu que les canines de cet ongulé ne jouent aucun rôle dans son alimentation ? Très aiguisées, elles constituent des armes redoutables qui peuvent infliger de profondes blessures et même provoquer la mort.

Savais-tu que les dents d'hippopotames furent jadis plus prisées que les défenses d'éléphants? Une partie du dentier de George Washington, le premier président des États-Unis, était d'ailleurs composée d'ivoire d'hippopotame.

Savais-tu que les hippopotames communs vivent
généralement en groupe de 10 à 15 individus? Par contre,
durant la saison sèche, on peut observer dans les rares trous
d'eau des groupes rassemblant jusqu'à 150 animaux.

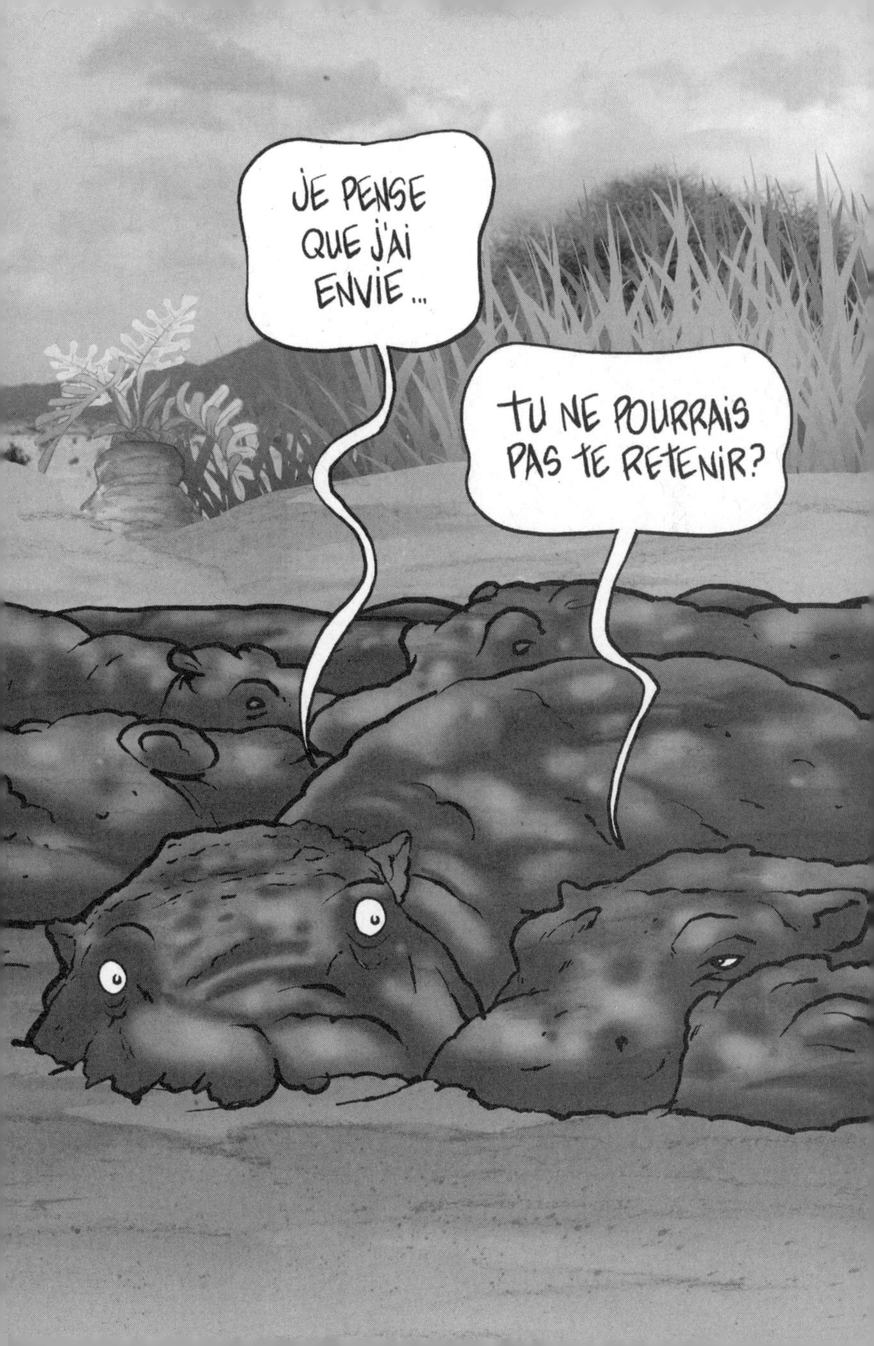
JE PENSE QUE J'AI ENVIE...
TU NE POURRAIS PAS TE RETENIR?

Savais-tu que chaque groupe, composé de femelles et des petits de plusieurs portées, est contrôlé par un mâle dominant?

Savais-tu que, très territorial, l'hippopotame commun
marque son domaine en projetant et en dispersant ses
excréments à des mètres de distance? Il accomplit cet

exploit en remuant très rapidement sa queue comme on agiterait un fouet.

Savais-tu que les hippopotames communs vont éclabousser généreusement le museau du dominant de leurs excréments en signe de soumission ? Comportement très fréquent dans

un groupe, on peut compter jusqu'à cinq « défécations de soumission » par heure.

Savais-tu que la gueule de l'hippopotame peut s'ouvrir jusqu'à 150 degré? D'ailleurs, la menace d'une mâchoire largement ouverte suffit la plupart du temps à établir

la supériorité du mâle dominant, ce qui évite bien des querelles.

Savais-tu que, lors d'affrontements, les hippopotames vont utiliser leur tête comme bélier et chercher à se mordre entre eux? Ces rixes sont fréquentes et potentiellement mortelles.

Savais-tu que les hippopotames communs sont très irritables, en particulier lorsqu'ils ont des petits? La femelle protège férocement sa progéniture, entre autres contre les

mâles adultes qui peuvent chercher à tuer les petits qui ne sont pas les leurs.

Savais-tu que l'accouplement se produit dans l'eau ?
La femelle met au monde son unique petit en eau peu
profonde ou à terre.

ÇA TE DIRAIT D'AVOIR DE LA COMPAGNIE?

Savais-tu que l'allaitement, qui dure près d'un an, a souvent lieu sous l'eau? Le petit tète en apnée, narines et oreilles fermées.

Savais-tu que la peau de l'hippopotame est rose à la naissance et devient gris-brun par la suite? Il n'a que quelques poils sur le mufle, les oreilles et le bout de la queue.

Savais-tu que la peau de l'hippopotame sécrète un mucus brun rougeâtre ? Cette sécrétion, à l'effet antibiotique, croit-on, protège la peau des infections, des rayons du soleil et du

dessèchement. Une vieille croyance prétendait autrefois que les hippopotames transpiraient du sang.

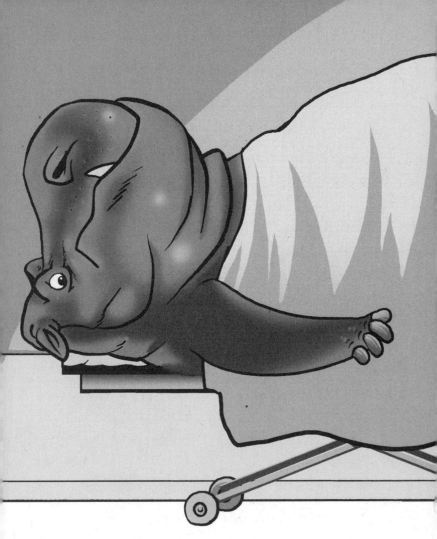

Savais-tu que, d'une épaisseur de 4 à 6 centimètres, la très résistante peau des hippopotames communs peut

peser près du quart du poids de l'animal? Chez certains individus, cela représente environ 1 tonne.

Savais-tu que, craint par tous y compris les crocodiles, l'hippopotame commun adulte, paisible en apparence, peut se révéler d'une agressivité incroyable ? En dehors de

l'homme, il n'a pas de prédateur. Les petits, par contre, peuvent être la proie des lions, des hyènes et des crocodiles.

Savais-tu que le plus vieil hippopotame recensé dans le monde est mort en 2012 à l'âge de 62 ans? Cette femelle vivait dans un zoo aux États-Unis. Dans la nature, un hippopotame commun peut vivre jusqu'à 45 ans.

Savais-tu que l'hippopotame nain est différent de l'hippopotame commun à plusieurs égards ? Ses mœurs sont beaucoup moins aquatiques. Son habitat est la forêt,

de préférence marécageuse. De petite taille (270 kilos maximum), il est solitaire et compte plusieurs prédateurs.

Savais-tu que l'hippopotame nain est en danger d'extinction? Avec une population de 2 000 à 3 000 individus seulement, sa survie est des plus

préoccupantes. La population mondiale des deux espèces confondues est de moins de 150 000 individus.

Savais-tu que, dans de nombreux pays africains, l'hippopotame est protégé? Les deux principales causes du déclin des populations sont la réduction de leur habitat et la chasse illégale.

Ce livre a été imprimé sur du papier contenant 100 %
de fibres recyclées postconsommation, certifié Écolo-Logo
et Procédé sans chlore et fabriqué à partir d'énergie biogaz.